ÉLOGE FUNÈBRE

de

M. François-Xavier KOLB,

Curé de Servance,

DÉCÉDÉ LE 13 SEPTEMBRE 1867,

Prononcé au service funèbre célébré pour le repos de son âme en l'église de cette paroisse le 22 octobre suivant,

Par M. l'abbé **P.-F. GUIRON**,

Curé de Lure.

VESOUL,
TYPOGRAPHIE DE A. SUCHAUX.
—
1867

> *Dilectus Deo et hominibus. — Cujus memoria in benedictione est.*
>
> Il fut aimé de Dieu et des hommes. — Sa mémoire est en bénédiction.
>
> (*Eccli.*, v. 45, c. 1.)

MES FRÈRES,

Pourquoi viens-je, en ce moment, vous faire l'éloge de celui dont la mort, aussi prompte qu'inattendue, remplit vos âmes d'une si profonde douleur? Les larmes abondantes que vous avez versées, les sanglots et les cris de douleur dont vous avez fait retentir cette enceinte au jour de ses funérailles, ne sont-ils pas la plus belle louange de tout ce qui a fait de votre pasteur, comme de Moïse, le bien-aimé de Dieu et le bien-aimé des hommes : *dilectus Deo et hominibus?* Cette louange, la plus magnifique et la plus éloquente qui puisse couronner son tombeau, n'ai-je pas à craindre de l'affaiblir par une parole, amie sans doute, mais bien pâle et bien infirme en face de celle qui, tant de fois, vous fit entendre du haut de cette chaire de si pathétiques et de si paternels accents? Mais le devoir de l'amitié venant se joindre ici au désir de sa famille et de ses confrères pour m'imposer cette tâche, je vais essayer de la remplir selon la mesure de mes forces, et non pas selon celle des vos espérances, vous priant de m'être indulgents si je ne puis louer d'une manière digne de lui celui que vous pleurez, et dont une voix auguste, celle de l'éminent cardinal-archevêque de ce diocèse, disait naguère : « C'est un pasteur *à qui je puis donner un successeur, mais non pas un égal.* » Cet éloge parti de si haut et qui, dans sa brièveté, en dit plus que tout ce discours que vous allez entendre, comment votre si regretté pasteur l'a-t-il mérité ? En étant surtout un homme de cœur, *vir cordis*, pour Dieu et pour ses ouailles, ce qui a fait qu'il a mérité l'amour de Dieu et l'amour de ses ouailles : *dilectus Deo et hominibus*. Vous retracer le portrait de son dévouement, de sa grandeur d'âme pour Dieu et pour ses frères, telle sera la matière de cet éloge funèbre que je consacre à la mémoire de messire François-Xavier Kolb, successivement curé de Senoncourt, Châlon-villars et Servance.

I.

Si Dieu, qui est tout charité, aime les âmes, même les âmes des pécheurs, combien plus ne doit-il pas aimer ces âmes de fidèles, surtout ces âmes sacerdotales d'où s'élève, comme d'un foyer toujours ardent, la flamme de cet amour divin qui, semblable à celui dont était embrasé S. Paul, ne redoute ni la pauvreté, ni l'obscurité, ni la fatigue, ni la persécution, ni même la mort ! Dieu s'était réservé d'en susciter une semblable au sein de son Eglise, dans la personne de celui qui est l'objet de cette cérémonie funèbre.

Il naquit le 4 février de l'année 1807, dans le pays de Belonchamp voisin du vôtre, d'une famille plus riche des biens de la probité et de la foi que de ceux de la fortune, et qui, plus tard, devait voir deux autres de ses membres entrer dans le sanctuaire, ceux-là mêmes qui exercent actuellement au milieu de vous, et à la satisfaction de tous, les fonctions du vicariat. Le nouveau-né reçut au baptême le nom de François-Xavier, nom de bénédiction et de présage qui, en lui rappelant celui du grand apôtre des Indes, devait un jour lui en inspirer le dévouement et le zèle. Il commença ses premières études de latinité à la maison scolaire du Mont de Vannes, alors en assez grande réputation dans le pays, et qui a pu revendiquer la gloire de compter plusieurs autres de ses élèves, enfants de vos montagnes, parmi les membres du clergé de ce diocèse. Après en avoir rapidement parcouru le cours, grâce à une intelligence peu commune jointe à un travail soutenu et opiniâtre, il vint faire ses humanités et sa rhétorique au petit séminaire de Luxeuil, dirigé alors par M. Brézard, de sainte et heureuse mémoire. Ses études de philosophie terminées à la maison d'Ecole, succursale du grand séminaire de Besançon, il fit, dans cette dernière ville, son cours de théologie avec non moins de succès que ses autres cours. Admis au sous-diaconat le 4 avril 1829, et au diaconat le 17 septembre de la même année, il fut ordonné prêtre le 10 avril 1830.

Nommé, au sortir de l'ordination, vicaire de Contréglise et curé de Senoncourt, il fut, un an après, désigné sous ce dernier titre pour Frahier, puis pour Plancher-les-Mines. Mais, vivement réclamé par les habitants de Senoncourt, qui comprenaient trop la valeur du trésor que Dieu leur avait donné pour se résigner facilement à le perdre, il n'accepta ni l'une ni l'autre de ces deux paroisses, bien que, plus populeuses, elles eussent pu lui offrir de plus grands avantages matériels. Mais ce n'était pas là que se portait son ambition ; il n'en avait pas d'autre que de témoigner son grand amour pour son divin maître par la sanctification des âmes qui lui étaient confiées, et son cœur si sensible et si aimant jouissait plus de la marque d'affection que venaient de lui donner ses premiers fils en Dieu que de la perspective de trouver, au sein d'une paroisse plus nombreuse, plus de profit ou de considération personnelle.

Mais Dieu, qui est le maître de tous les événements de notre vie et qui les dirige selon les conseils de sa suprême sagesse, destinait à son zèle la culture d'un champ plus vaste que le premier : Châlonvillars allait devenir pendant neuf ans le second théâtre de son dévouement pastoral. « Voici, m'écrivait
« dernièrement son digne successeur actuel à Châlonvillars,
« voici quelles ont été ici les œuvres de son zèle : l'agrandisse-
« ment de l'église, la reconstruction du clocher, la fonte et la
« bénédiction d'une cloche, la décoration intérieure de l'église,

« le remplacement du maître-autel et du tabernacle, la restau-
« ration des petits autels, l'érection d'un chemin de croix,
« l'ameublement de la sacristie. Son zèle a brillé surtout,
« ajoute ce cher confrère, par le soin des enfants et de la
« jeunesse, la conciliation des familles, la restauration des
« confréries (1). »

Vous croyez peut-être que son dévouement pour son Dieu va se borner à ces œuvres locales qui, à elles seules, révélaient déjà un zèle vraiment apostolique. Détrompez-vous. Il faut à ce dévouement de plus grands aliments encore ; les soins les plus multipliés et les plus étendus de son propre troupeau ne suffisent pas à absorber toute l'activité de son âme. Cette activité, il a besoin de la dépenser en s'associant pendant plusieurs années à quelques-uns de ses confrères dévoués comme lui, pour prêcher des jubilés, des retraites, et personne n'ignore par quels succès il se distingua en ce genre de ministère, qu'il voulut remplir encore l'année dernière au milieu de *ses* Châlonvillars, comme il avait coutume de les appeler, ignorant alors que c'était la dernière marque d'affection qu'il leur donnait et le suprême adieu qu'il leur adressait en ce monde.

Cependant l'autorité diocésaine avait connu et apprécié la valeur du curé de Châlonvillars. Elle songea dès lors à lui donner, à la première occasion, la direction d'une paroisse plus importante que les deux précédentes dont il avait été le pasteur. Celle de Servance, qui comptait en ce temps-là une population double pour le moins de celle qu'elle contient aujourd'hui, venait de perdre son titulaire (2), homme également d'une grande piété et d'un grand dévouement, mais qui, se voyant dans l'impossibilité de supporter les fatigues qu'entraînent vos habitations éparses dans la montagne, leur éloignement de l'église, la difficulté d'y arriver pour l'administration des

---

(1) Lettre de M. Menestrier, curé de Châlonvillars, à la date du 22 septembre de cette année.
(2) M. Mourey, actuellement curé à Villers-les-Luxeuil.

malades, surtout pendant la saison de l'hiver, avait résilié sa cure pour en administrer une autre moins fatiguante que celle-ci. M. KOLB fut appelé à le remplacer en 1843.

Ce nouveau déplacement, qui devait naturellement lui sourire puisqu'il le rapprochait de sa terre natale et de presque tous les membres de sa famille, fut néanmoins bien pénible à son cœur, car il ne put quitter son cher Châlonvillars qu'en s'arrachant aux regrets et aux larmes d'un peuple qui l'aimait comme vous l'avez aimé vous-mêmes, et dont vingt-trois années de séparation n'ont pu tarir l'affection filiale.

En arrivant à la cure de Servance, le nouveau pasteur y apporta une activité de zèle non moins grande qu'à Senoncourt et à Châlonvillars. Le champ étant plus vaste et la moisson à recueillir plus abondante, l'ouvrier évangélique comprit qu'il fallait y déployer plus d'énergie et de dévouement encore que dans les deux autres ; et c'est pourquoi vous l'avez vu, durant les vingt-trois années de son ministère pastoral au milieu de vous, entreprendre et exécuter, souvent à l'encontre de difficultés inouïes, des œuvres bien dignes de vous faire bénir sa mémoire et de vous exciter à en perpétuer le souvenir au milieu de vous par quelque modeste monument que vous voudrez ériger un jour sur le caveau qui renferme sa dépouille mortelle (1).

Si, dans l'intérêt de la gloire de Dieu et du salut des âmes, et aussi pour rendre plus facile l'administration de celle-ci, une nouvelle paroisse, le Haut du Them, a été créée à côté de la vôtre ; si cette nouvelle paroisse est dotée maintenant d'une belle église, d'une bonne cloche, d'un élégant presbytère, d'un cimetière convenable, en un mot de tout ce qui est néces-

---

(1) Nous savons que quelques personnes ont déjà fait une offrande pour l'érection de ce monument, dont la commune ne peut faire les frais. Nous ne doutons pas que les paroissiens de Servance, qui ont tous aimé M. KOLB pendant sa vie, et qui regrettent si vivement sa mort, ne se cotisent, famille par famille, pour donner à leur pasteur défunt cette dernière marque de leur amour filial.

saire à l'exercice du culte, n'est-ce pas à son zèle qu'il faut en attribuer la plus grande part? Personne n'ignore combien de démarches il lui a fallu faire, combien de sacrifices, même personnels, il a dû s'imposer pour arriver à cet heureux résultat.

Mais ici même que n'a-t-il pas entrepris? Que n'a-t-il pas fait depuis le moment soutout où, appelé à l'administration de cette commune, votre digne et honorable maire (1) a pu lui apporter le concours de son influence et de son autorité?

Cette église magnifiquement restaurée, sa tour pourvue d'une très-harmonieuse sonnerie, le presbytère embelli, votre cimetière agrandi, et ayant pu par cet agrandissement échapper à la nécessité imposée par la législation actuelle d'être transféré dans un emplacement éloigné qui, en dérobant habituellement leurs tombes à vos regards, aurait infailliblement affaibli votre souvenir et vos prières pour vos morts : tout cela n'est-il pas le fruit de son zèle?

Mais où ce zèle a brillé principalement c'est en faveur de l'institution des bonnes Sœurs chargées de l'instruction des petites filles de la paroisse.

Votre dévoué et intelligent pasteur comprenait trop bien, surtout à l'époque où nous vivons, l'utilité et l'importance d'un établissement religieux dans une paroisse pour en élever chrétiennement les enfants, qui en forment la portion la plus intéressante, pour ne pas tenter tous les moyens de donner le plus de développement et de stabilité possible à celui qui ne faisait que de naître sous les efforts généreux de son digne et vénéré prédécesseur. A quelques pas de cette église s'élevait, dans un emplacement magnifique, un vieux manoir possédé par les anciens seigneurs du pays, mais dont tout l'intérieur accusait les ruines amoncelées par le temps. Sans calculer les charges qui vont peser sur lui, votre pasteur l'achète en son propre nom. La Providence, sur laquelle il a compté avant tout, ne tarde pas de venir à son secours. Aidé des pieuses libéralités

---

(1) M. Jacquez, notaire à Servance.

d'une personne (1) dont le nom est en bénédiction dans cette localité comme il l'est dans le lieu qu'elle habite encore, le vieux château, relevé de ses ruines, devient la demeure de vos institutrices religieuses, qui se trouvaient trop à l'étroit dans la partie de la maison communale qui leur avait été d'abord assignée, et aujourd'hui cet établissement peut être mis au nombre des plus beaux que possède la province. Votre bien-aimé pasteur voulait compléter son œuvre en en créant un autre à côté du premier pour les petits garçons. Déjà les premiers fondements en étaient jetés ; mais, arrêté dans l'exécution de ce projet par un obstacle qu'il fut dans l'impossibilité de renverser, il a emporté dans sa tombe le regret de n'avoir pu le réaliser.

Certes, mes frères, quand un pasteur opère, ou directement par lui-même, ou indirectement par l'influence qu'il exerce autour de lui, des œuvres si belles et si admirables, on peut bien dire qu'il a été véritablement un homme de cœur pour Dieu, et que, en retour, il a été le bien-aimé de Dieu : *dilectus Deo*.

II.

Je dis en second lieu que votre cher et si regretté pasteur a été encore un homme de *cœur* pour ses paroissiens, et que c'est là la source de l'affection toute filiale dont ils l'ont partout entouré : *dilectus hominibus*.

Je passe sous silence les qualités naturelles dont Dieu l'avait doué : je veux dire cette facilité de conception, cette rectitude de jugement qui ont fait de lui cet homme sage et prudent dont parle l'Ecriture ; cette franchise, cette gaîté, cette amabilité de caractère qui le rendaient si agréable à tous ceux qui avaient

(1) Mlle Besancenet, rentière à Lure.

des rapports avec lui, et particulièrement à ses confrères ; cet esprit d'indulgence et de miséricorde qui lui faisait toujours couvrir les faiblesses d'autrui du manteau de la charité ; cet esprit de simplicité et d'humilité qui laissait percer en lui la candeur d'un enfant ; son esprit d'hospitalité, qui faisait de son presbytère une hôtellerie toujours ouverte à ses nombreux amis ; sa manière si naturelle et si éloquente à la fois d'annoncer la parole de Dieu ; les succès qui le distinguèrent dans cette partie de son ministère, et qui lui valurent d'être sollicité tant de fois à venir prêcher, sur divers points du diocèse, des jubilés, des retraites de première communion, des premières messes, des érections de croix, des fêtes de confrérie ou de paroisse. Je passe également sous silence sa piété bien connue, sa foi de patriarche, sa régularité à s'acquitter chaque jour des exercices spirituels par lesquels le prêtre, le pasteur des âmes surtout, a besoin de se sanctifier, pour vous le montrer dans la partie la plus saillante de lui-même, dans son cœur, car jamais cœur ne fut plus sensible ni plus affectueux que le sien.

Voulez-vous, mes frères, le connaître ce cœur si rempli d'affection et de tendresse pour tout ce qui en avait besoin ? Suivez-le auprès des petits enfants, qu'il aimait à bénir et à caresser comme Jésus les bénissait et les caressait lui-même ; auprès des jeunes gens, qu'il ne rencontrait jamais sur son passage sans leur adresser quelque parole d'encouragement ou d'amitié ; auprès des vieillards, avec lesquels il se plaisait à converser près de l'âtre du foyer domestique ; auprès des malades, auxquels il adressait de si douces paroles de consolation et de soumission à la volonté divine ; auprès des familles divisées, où il n'avait qu'à paraître pour y ramener promptement la concorde et la paix. Suivez-le auprès des pauvres mères devenues veuves, auprès des pauvres enfants devenus orphelins, prenant en main leurs intérêts, réglant leurs affaires, leur donnant les avis d'un légiste habile dans leurs partages de succession, et leur épargnant ainsi les dépenses énormes qu'occasionne trop souvent la répartition de ces partages quand elle est réglée par l'intervention du tribunal.

Suivez-le surtout dans la chaumière des pauvres, ces amis privilégiés de son cœur. Dans les premières années qui suivirent son arrivée dans la paroisse de Servance, la misère y était grande, et elle le fut à ce point que plusieurs familles se virent dans la dure nécessité d'abandonner le toit de leurs pères pour aller chercher sur une terre étrangère des moyens de subsistance qu'elles ne pouvaient plus trouver sur leur terre natale. En ce temps-là l'établissement de vos religieuses comptait parmi ses membres une fille admirable (1) qui, comme celle qui le dirige depuis vingt ans (2), était d'un dévouement sans bornes pour les malades et pour les pauvres, celle-là même que votre bien-aimé pasteur a voulu avoir près de son lit de mort pour lui donner les derniers soins, recueillir son dernier soupir et lui fermer les yeux. Eh bien, cet ange de charité qui s'enflammait elle-même de celle de son père en Dieu, combien de fois ne l'a-t-il pas envoyé, même au loin, quêter de l'argent, des vivres, des vêtements pour secourir ceux de ses paroissiens dont la misère profonde navrait son âme de douleur! Combien de fois, privé de ressources étrangères, ne s'est-il pas dépouillé lui-même pour soulager des besoins connus de lui seul et des malheureux qui les éprouvaient! Le peu de choses qu'il a laissé en mourant n'est-il pas un témoignage glorieux de ce que j'avance ici, et si une inscription doit être gravée sur sa tombe, n'est-ce pas avant tout celle-ci : « *Pater pauperum*, il fut le père des pauvres ? » Une vie si précieuse devant Dieu et devant les hommes devait, ce semble, selon les conseils de la Providence, se prolonger au delà des limites où elle est venue s'éteindre. Mais le fruit était mûr pour le Ciel, et la main du Fils bien-aimé voulait le détacher de l'arbre pour le recueillir dans le grenier de son Père céleste. Bien que

(1) Sœur Véronique.
(2) Sœur Edmond.

votre aimé et vénéré pasteur fût parvenu seulement à cette période de la vie où elle peut se promettre de longs jours encore avant de ressentir ces infirmités et ces douleurs dont parle le Prophète, *etampliùs eorum labor et dolor,* sa santé, encore vigoureuse en apparence, était fortement altérée par les sollicitudes et les fatigues de toute sorte que comptaient trente-sept années d'un ministère exercé avec une activité d'apôtre. Cet état d'altération profonde ne l'empêchait pas cependant de vaquer aux devoirs de l'administration de sa paroisse avec son ardeur accoutumée. Il soupçonnait si peu qu'il touchait au terme de sa carrière qu'un mois seulement avant de la terminer, amateur, comme tout esprit intelligent, des arts et des progrès de l'industrie du jour, il voulut, contrairement toutefois aux conseils de quelques-uns de ses proches et de ses amis, faire le voyage de Paris, pour en visiter les monuments qu'il ne connaissait pas encore, et surtout les produits de l'Exposition universelle.

Outre le plaisir qu'il éprouva d'en contempler les merveilles, il en ressentit un autre qui allait mieux à son cœur, celui de visiter chacune des familles de ses anciens paroissiens demeurant aujourd'hui dans cette grande capitale, d'en recevoir les plus grandes marques d'affection, celle en particulier d'être accompagné par eux tous jusqu'à la gare du chemin de fer qui devait le ramener au milieu des siens, pour trop peu de temps, hélas! semblable ici à l'apôtre S. Paul qui, en s'embarquant pour Jérusalem, où l'attendaient des tribulations et des chaînes, fut accompagné jusqu'à son vaisseau par les plus anciens disciples d'Ephèse, et qui, en l'entendant leur dire qu'ils ne verraient plus sa face en ce monde, se mirent à se jeter à son cou et à l'arroser de leurs larmes. *(Act. apost.,* c. 20, v. 37.)

A peine revenu de son voyage, qui l'avait rempli d'un véritable enthousiasme, il sentit ses forces défaillir, et se mit au lit avec le secret pressentiment qu'il ne s'en relèverait jamais plus. La maladie fit en effet des progrès si rapides que, ne les soupçonnant pas alors lui-même, on dut l'avertir de recevoir les derniers secours de la religion. Il le fit de la manière la plus édifiante, devant une assistance qui fondait en larmes, en demandant pardon des fautes qu'il avait pu commettre durant les vingt-trois années de son ministère à Servance, en protestant de son attachement à la sainte Eglise sa mère, de sa pleine soumission à la volonté de Dieu, et en laissant toutefois percer l'espérance que le Seigneur voudrait bien le laisser quelque temps encore au milieu de son peuple, comme fruit des prières qui se faisaient alors pour lui en l'honneur de S. Joseph, pour lequel il avait toujours eu une grande dévotion.

Dieu en avait ordonné autrement.

Le précieux malade touchait à sa dernière heure. Informé que son état était voisin de celui de l'agonie, je me hâtai de venir le voir et de lui rendre ainsi le suprême devoir que me dictait l'amitié. Certes, mes frères, il ne s'effacera jamais de mon souvenir ce jour du 13 septembre où, en entrant dans sa chambre et en le voyant étendu sur son lit de douleur, entouré des siens, de quelques-uns de ses confrères, des bonnes religieuses de la paroisse, je lui serrai la main et lui donnai le baiser de l'amitié ; ce jour où, dans les moments de lucidité que lui laissait la fièvre qui le tourmentait, prenant la main de ses chers neveux et la pressant sur son cœur, il les bénissait; ce jour où, pour ne pas laisser dans son âme la moindre trace du plus léger ressentiment, je le vis soulever ses bras défaillants pour serrer sur son cœur et coller à son visage déjà humide des sueurs de la mort ce vieillard à cheveux blancs qu'il avait souhaité de voir, en lui disant d'une voix éteinte : « *Ah! votre visite remplit mon âme de joie ; n'est-ce pas que nous nous aimons bien?*»; ce jour où l'un de ses neveux, récitant à ses côtés ce verset des prières des agonisants : *A malâ morte libera eum, Domine*, « De la mauvaise mort délivrez-le, Seigneur, » il lui demanda de le répéter trois fois ; ce jour où, pressant sur sa poitrine un crucifix indulgencié pour la bonne mort, et jetant ses regards mourants sur un autre qui avait été placé au pied de son lit, il dit cette parole d'espérance : « J'espère qu'avec
« la bénédiction de Monseigneur (Monseigneur venait de la lui

« envoyer par une lettre très-affectueuse), j'espère qu'avec la
« bénédiction de Monseigneur et les prières de mes confrères,
« je verrai bientôt Notre-Seigneur Jésus-Christ. »

Obligé de me séparer de lui avant qu'il eût rendu sa belle âme à Dieu, je repartis le cœur rempli de toutes les émotions que je venais d'éprouver, et j'arrivais à peine dans ma paroisse que la vôtre avait perdu le plus affectueux et le plus dévoué des pères, ses confrères le plus beau modèle des bons pasteurs, et moi un ami sincère.

Si l'Esprit-Saint nous dit lui-même : « Mon fils, pleurez sur
« un mort comme si vous étiez sous le poids d'une cruelle
« calamité : *Fili, in mortuum produc lacrymas, et quasi dira*
« *passus incipe plorare,* » (1) oh! mes frères, pleurez sur celui dont je viens de vous dire le dévouement pour Dieu et le dévouement pour vous, car nul autre défunt ne mérita mieux que lui vos regrets et vos larmes, car nulle autre mort que la sienne ne fut pour vous un malheur plus cruel et plus déchirant : *Fili, in mortuum...* Pleurez-le, vous surtout sa sœur et ses neveux bien-aimés, puisqu'il vous laisse une seconde fois veuve et une seconde fois orphelins. Pleurez-le, chastes épouses de Jésus, puisque vous perdez en lui un bon père, un guide éclairé, un protecteur généreux. Pleurez-le, enfants, jeunes gens, vieillards, veuves, orphelins, malades, pauvres du Seigneur, car il vous portait tous dans son cœur, dans ce cœur qui, comme celui de S. Paul, s'élargissait sans mesure et n'y laissait personne à l'étroit. Pleurons-le nous-mêmes, mes chers et vénérés confrères, car si sa mort laisse un vide immense au sein de cette population, elle en laisse un bien douloureux aussi parmi les membres de ce clergé de Besançon qui peut, sans orgueil comme sans flatterie, le revendiquer comme l'une de ses principales gloires.

Mais si, comme le dit S. Ephrem, les âmes des justes, séparées de nous par la mort, ne cessent pas pour autant de s'associer à nos entretiens, de nous aider de leurs conseils, de

(1) *Eccli.*, c. 38, v. 16.

nous soutenir dans les voies de la piété ; si, admises au séjour du bonheur, elles prolongent au delà du trépas leur vie et leurs affections, ne croyez pas que celui qui est maintenant le sujet de vos larmes cesse d'avoir pour vous dans le royaume de la pure charité celles dont il vous donna des marques si nombreuses et si touchantes pendant son séjour au milieu de vous, et c'est là surtout ce qui doit le plus efficacement tempérer l'amertume de la douleur que sa mort a jetée dans vos âmes.

Oui, ô bon, ô si regretté pasteur de ces ouailles désolées, bien que la mort, en vous enchaînant dans ses liens de fer, vous ait réduit au silence et qu'elle soit venue fermer vos yeux à la lumière de ce monde, du haut de la patrie céleste dont vous serez bientôt le fortuné possesseur si vous n'en êtes déjà l'heureux citoyen, vous suivrez de votre regard paternel cette famille dont vous fûtes pendant plus de vingt années le père, le conducteur et le gardien ; vous vous intéresserez à tous ses besoins, comme vous vous y intéressâtes sur la terre ; vous veillerez en particulier sur ces deux chers enfants que vous avez bénis avec une si grande affection de cœur à vos derniers moments ; vous serez pour eux dans le Ciel ce que vous avez été pour eux sur la terre ; vous prierez pour votre successeur dans ce champ du père de famille, afin qu'il le cultive comme vous l'avez cultivé vous-même ; vous prierez pour ces chers confrères, qui vous entourèrent de tant d'estime, d'affection pendant votre vie mortelle, et qui aujourd'hui sont venus déposer pour vous aux pieds du Dieu des miséricordes le fruit de leur sacrifice et de leur prière ; vous prierez aussi pour moi, le dernier de tous, et à qui Dieu destinait le douloureux devoir de vous payer en ce moment, du haut de cette chaire, ce suprême tribut de l'amitié ; enfin vous prierez pour tous, afin que tous obtiennent du Seigneur, par vos prières ferventes, la grâce de marcher fidèlement sur vos traces, de mourir comme vous d'une mort sainte et précieuse devant Dieu, pour jouir un jour avec vous de la pure et éternelle félicité des cieux !!!

www.ingramcontent.com/pod-product-compliance
Lightning Source LLC
Chambersburg PA
CBHW060933050426
42453CB00010B/1995